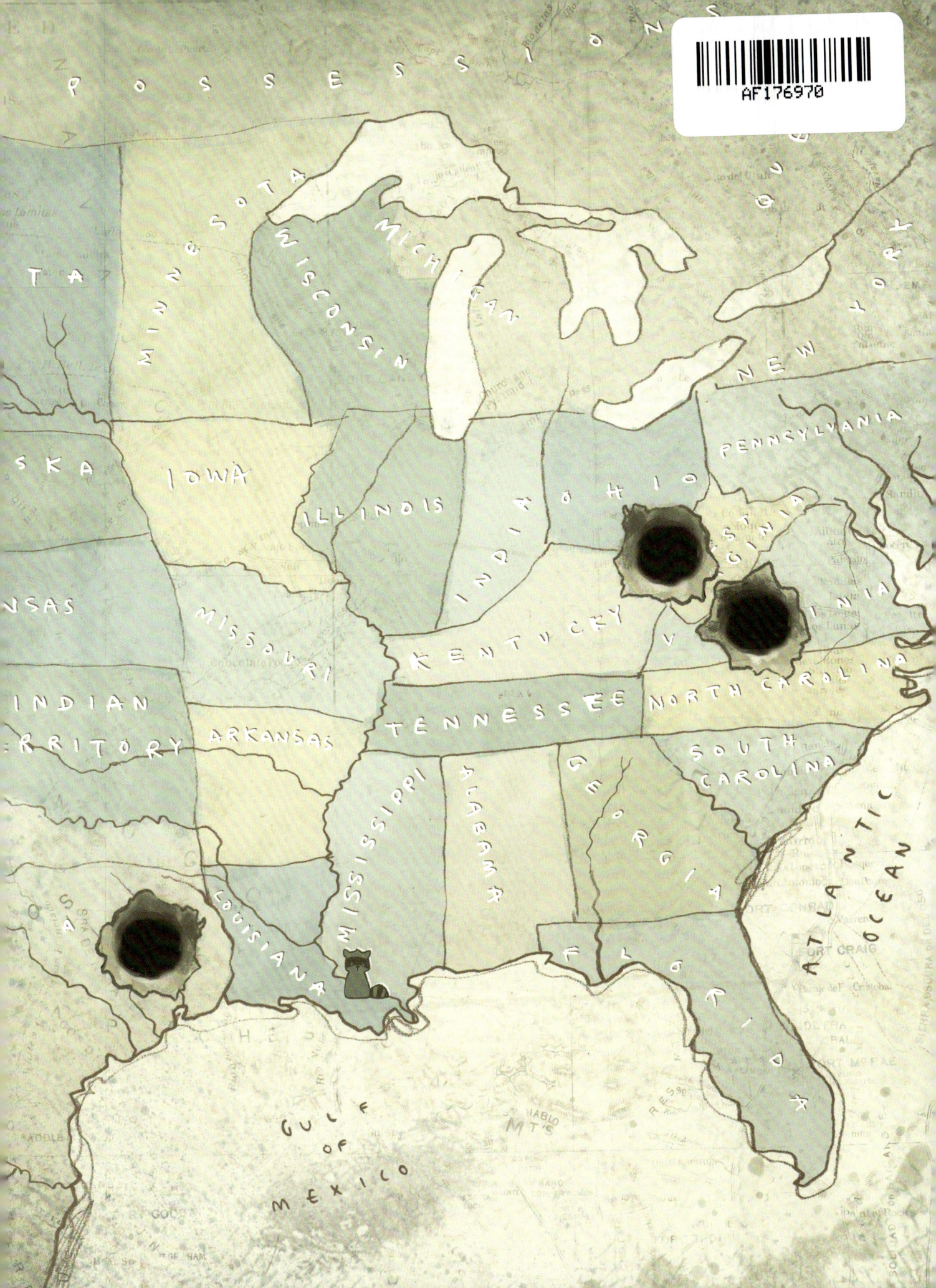

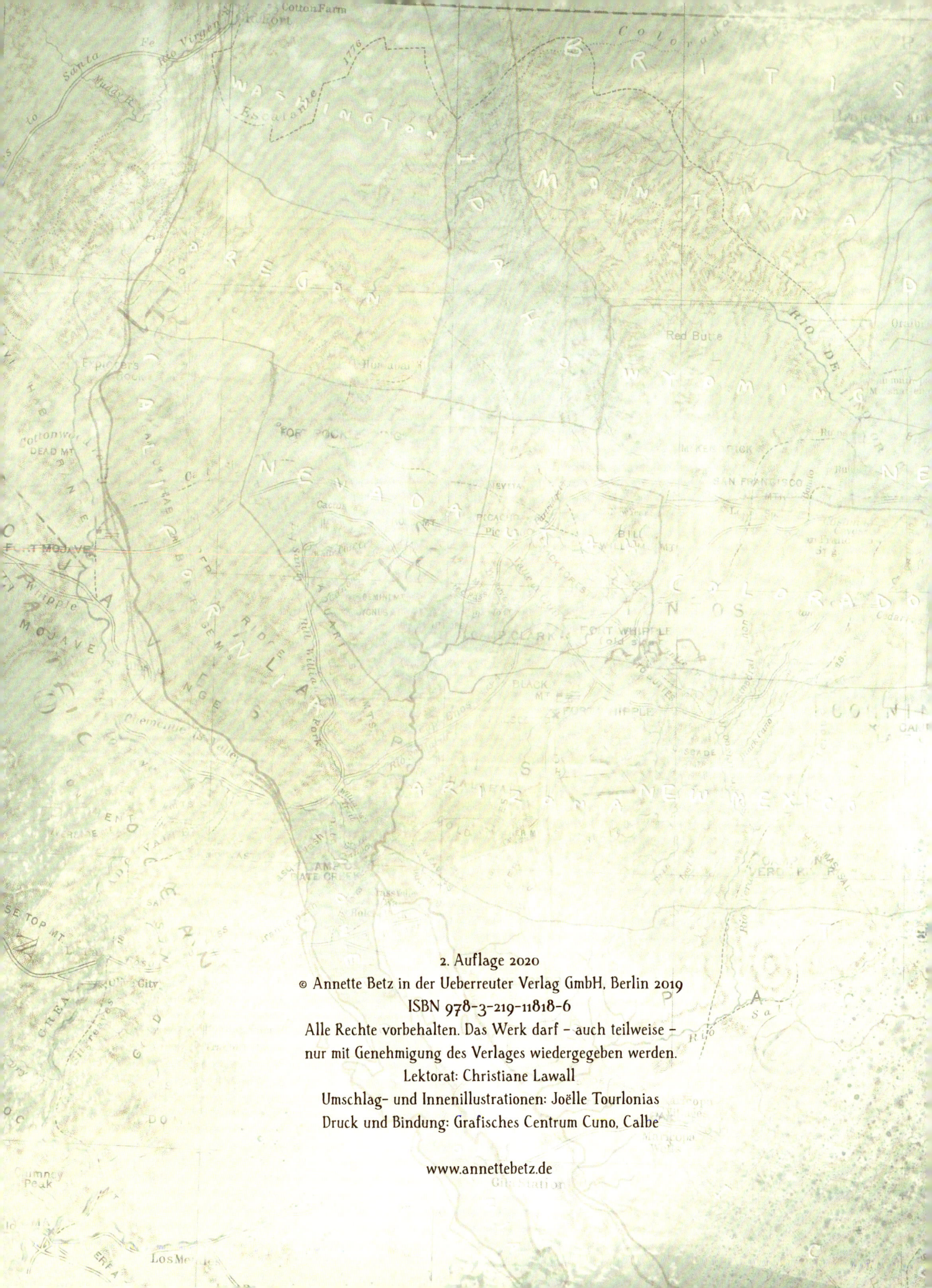

2. Auflage 2020
© Annette Betz in der Ueberreuter Verlag GmbH, Berlin 2019
ISBN 978-3-219-11818-6
Lektorat: Christiane Lawall
Umschlag- und Innenillustrationen: Joëlle Tourlonias
Druck und Bindung: Grafisches Centrum Cuno, Calbe

www.annettebetz.de

DER APFELKUCHEN DIEB

MICHAEL ENGLER JOËLLE TOURLONIAS

annette betz

Dies ist die Geschichte von Rocky Waschbär,
dem besten Apfelkuchendieb westlich und östlich des Mississippi.

Natürlich ist diese ganze Geschichte ungelogen so wahr,
wie ich Rocky Waschbär heiße.

Alles begann an einem Samstagnachmittag.
Die Sonne stand hoch, die Luft war sehr heiß.
Grillen zirpten »Kri–Kri, Kri–Kri«, und der Mississippi floss träge in seinem Bett.
Unter einem schattigen Baum hatte ich es mir bequem gemacht.
Meine Füße plantschten im Wasser, das kühlte mich ab.
Um den Hunger zu vertreiben, kaute ich genüsslich auf einem Grashalm,
als mir ein vertrauter Geruch in die Nase stieg: Apfelkuchen!

Wenn der weltbeste Apfelkuchendieb Apfelkuchen riecht, hält nichts ihn auf.
Kein Zaun, kein Hund und keine Gefahr. Also stieg ich über Zäune,
schlich um Hunde, robbte durchs hohe Gras zum Häuschen der Frau Finn.
Die hatte gerade einen saftigen, apfeligen Apfelkuchen zum Abkühlen aufs
Fensterbrett gestellt. Der roch so gut, so leckerschmecker fantastisch,
wer könnte da widerstehen? Ich nicht!
Schwups, zog ich den Apfelkuchen vom Fensterbrett.
In meinen Armen roch er noch viel besser!
Da raschelte etwas hinter mir ...
Ein Rascheln, zwei Schritte, oh nein!
Diese Schritte sind gefährlich, denn das kann nur Sam Sheriff sein.

Ohne mich umzusehen, ahnte ich, gleich wär's um mich geschehen.
Denn Sam Sheriff wird gefürchtet im ganzen Land. Also rannte ich los,
schnell wie der Wind, bis zur Brücke, da hatte ich ihn abgehängt.
Ich setzte mich gemütlich hin und wollte meinen Kuchen verspeisen.
Unter mir rollte der mächtige Mississippi, über mir strahlte der weite Himmel,
hinter mir ...
Ein Rascheln, zwei Schritte, oh nein!
Diese Schritte sind gefährlich, denn das kann nur Sam Sheriff sein.

Ich hielt den Kuchen und sprang.

Und fiel.

Doch dann?

Es ratterte und knatterte und Räder schaufelten Wasser.

Ein guter, alter Mississippi-Dampfer hatte mir das Leben gerettet!

Sicher und wohlbehalten lagen der Kuchen und ich

im roten Abendlicht auf einem Sonnenschirm.

Ach, ist das Leben nicht herrlich?

Was kann es Schöneres geben,

als Apfelkuchen mampfend den Mississippi hinaufzufahren?

Doch gerade als ich in den Kuchen beißen wollte, ertönte ein Schuss!

Mein Schiff und ein zweites starteten zu einer wilden Wettfahrt.

Der Dampfer ächzte und schnaufte, er schwankte und wankte.

Doch schlimmer noch, dort unter mir auf dem Deck:

ein Rascheln, zwei Schritte, oh nein!

Diese Schritte sind gefährlich, denn das kann nur Sam Sheriff sein.

Am Ufer flogen Städte und Wälder und Wiesen vorbei. Ich krallte mich
fest an den Schirm und traute mich nicht in den Kuchen zu beißen.
Die Sonne ging unter und ging wieder auf.
Kurz vor Natchez hatten wir endlich das Rennen gewonnen. Das Schiff legte an.

Schwindelig schwankte ich schnell von Bord, bevor der Sheriff mich sah,
um endlich, endlich, endlich meinen heiß geliebten Apfelkuchen zu genießen.
Doch dann ...
Ein Rascheln, zwei Schritte, oh nein!
Diese Schritte sind gefährlich, denn das kann nur Sam Sheriff sein.

Ich entdeckte ein dunkles Versteck.

Rannte los, noch drei Stufen, dann war es geschafft.

Da knallte eine Peitsche, dann wieherten Pferde,

es ruckelte und rumpelte. Und mir, mir schwante Übles.

Ich war in einer Postkutsche gelandet!

Doch schlimmer war, was später draußen geschah:

Kugeln, Messer und Lassos zischten durch die Luft,

Strauchdiebe griffen uns an!

Die Kutsche raste über Stock und Stein, da sprang ich raus,

trotz wilder Fahrt, um uns zu retten: den Kuchen und mich.

Als der Staub sich endlich legte,
sah ich Postkutsche und Diebe in weiter Ferne reiten.
Ich war allein im Nirgendwo.
Allein?
Ein Rascheln, zwei Schritte, oh nein!
Diese Schritte sind gefährlich, denn das kann nur Sam Sheriff sein.

Schon wieder musste ich laufen.
Doch die Sonne brannte heiß vom Himmel herab. Und ich wäre verdorrt
wie die Gerippe am Wegesrand, hätte ich nicht meinen Kuchen gehabt.
Der spendete mir sicheren Schatten ...

... bis der Wirbelsturm kam.
Dieser Sturm riss uns fort, wir flogen, wirbelten, kugelten durch die Luft.
Den Kuchen hielt ich fest umklammert, bis der Sturm sich nach Tagen endlich legte.
Ich landete sanft vor einem Bahnhof, ein Zug stand zur Abfahrt bereit.
Was für ein Glück, denn ...
Ein Rascheln, zwei Schritte, oh nein!
Diese Schritte sind gefährlich, denn das kann nur Sam Sheriff sein.

Kaum war ich im Zug, blies mir hungrig-heißer Atem ins Genick.
Vorsichtig drehte ich mich um.
Oh nein! Das konnte nicht sein!
Ich war im Raubtierwaggon eines Zirkus gelandet!
Die wilden Tiere sahen mich gierig an. Sie sprangen, schlichen und
knurrten umher und wollten nichts lieber, als meinen Kuchen fressen!
Oder auch mich, das war nicht ganz klar.
Und dann auch noch das:
Ein Rascheln, zwei Schritte, oh nein!
Diese Schritte sind gefährlich, denn das kann nur Sam Sheriff sein.

Über eine Leiter rettete ich mich hinauf aufs Dach.

Der Zug raste unaufhaltsam stampfend und dröhnend übers Land. Ich sah
Büffelherden auf der Prärie vorüberziehen und schneebedeckte Berge am Horizont
verschwinden. Leider war dabei an Kuchenessen nicht zu denken.

Denn es stürmte und windete so sehr, dass der Kuchen beinahe fortgeflogen wäre.

Doch das war noch mein geringstes Problem. Denn plötzlich hörte ich ...

Ein Rascheln, zwei Schritte, oh nein!

Diese Schritte sind gefährlich, denn das kann nur Sam Sheriff sein.

Zum Glück hing ebenso plötzlich ein Seil in der Luft. Schnell griff ich zu, ließ nicht mehr los und wurde nach oben gezogen, als griffe eine Hand aus dem Himmel nach mir.

Unterm Heißluftballon hielt ich durch und schlug mich wacker gegen Regen, Wind und lästige Vögel. Bald schimmerte in der Ferne das Meer und der Ballon setzte zur Landung an.

Ich war gerettet! Doch dann ...

Ein Rascheln, zwei Schritte, oh nein!

Diese Schritte sind gefährlich, denn das kann nur Sam Sheriff sein.

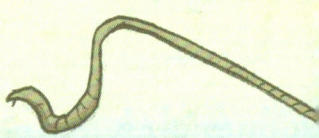

Schneller als der Wind rannte ich hinunter zum Meer,
denn Mäuse fürchten das Wasser sehr.
Und so kommt es, dass ich jetzt mutterseelenallein am Pazifikstrand
sitze und einen Apfelkuchen esse, der vor langer Zeit, viele tausend Meilen
entfernt am Ufer des Mississippi gebacken wurde.
Aber ein Kuchen wird bekanntlich besser, wenn man ihn etwas ruhen lässt.
Und dieser Kuchen ist famos, fantastisch, grandios, tadellos!
Jetzt werd' ich ihn essen!
Jetzt, da ich in Sicherheit bin.